W0174958

Mach's Maul auf!

Eine Kurzanleitung zum Redenschreiben

von Martin Roos

Grupello

Inhalt

Wer etwas

sagen will,

sollte sprechen!

Wer etwas

zu sagen hat,

muß eine Rede halten!

1. Redenschreiben ist Redenhalten

Um es gleich zu sagen: Kaum etwas wird mehr überschätzt als gute Redner. Zwar wirken sie auf das Publikum fabelhaft. Aber oft können sie leider nichts anderes als gut reden. Gleichzeitig wird nichts so unterschätzt wie die Kunst der Rede. Denn **die Mehrheit aller Reden,** die wir serviert bekommen, **ist schrecklich langweilig.** Hätte der Redner doch vorher bloß ein bißchen geübt oder zumindest in ein Lehrbuch geschaut!

Ratgeber über Rhetorik gibt es nun so viele, daß einem schwindelig wird. Welche Experten soll man lesen? Die klassischen Autoren? Cicero, Demosthenes, Quintilian? Das dauert Monate! Oder lieber doch die immer gut gelaunten Entertainer unserer Erfolgsgesellschaft? Schon deren Buchtitel enthalten große Versprechen: »Die perfekte Rede – so überzeugen Sie jedes Publikum.« Oder: »Der Weg zum Top-Redner«. Oder: »Souverän Reden halten – der große Redenberater«. Oder: »Wer für seine Rede-Erfolge nicht selbst sorgt, hat sie nicht verdient.«

Bei Leuten mit ohnehin großem Ego mag Hau-Ruck-Rhetorik gut ankommen. Doch was ist mit den anderen, die etwas feingliedriger sind?

Rhetorik als der Schlüssel zur Macht wird in vielen dieser Bücher als das wichtigste

Verkaufsinstrument gepriesen. Charisma, Schlauheit, Überzeugungskraft und sprachliche Brillanz gelten als **die wahren Killerinstrumente.** Das ist sicher alles wichtig und richtig und gleichzeitig auch nicht. Denn nicht überall garantiert die gute Rede Erfolg. Sie ist ebenso von ganz anderen Erfolgsfaktoren abhängig. Zum Beispiel in der Wirtschaft. So könnte es sich ein Vorstandsvorsitzender, der seinen Aktionären hervorragende Zahlen präsentiert, erlauben, alles herunterzuleiern – Hauptsache die Rendite stimmt. Ein blendender Rhetoriker ohne Geschäftserfolg müßte hingegen seinen Hut nehmen.

Gerne wird die Kunst der Rede als eine Art Zauberkraft für den persönlichen Erfolg verkauft, als ein Geheimwissen, das jeder erlernen kann, wenn er brav dieses oder jenes Buch liest oder Seminar besucht. Fachbücher sind sicher hilfreich, um wenigstens ein paar Grundwerkzeuge der Rhetorik zu erlernen. Die Bücher nehmen uns aber nicht die Arbeit des Redenschreibens und Präsentierens ab. Gut – wer einen Ghostwriter bezahlen will und kann, braucht nur noch die Rede zu halten. Wer das nicht kann und will, muß die Rede selbst schreiben. Und wer das schließlich tut, wird feststellen: Eine gute Rede zu schreiben geht nicht, ohne die Erfahrung zu haben, wie man eine Rede hält. Insofern gilt: **Redenschreiben ist Redenhalten.**

Und dann geschieht das Typische: Wenn wir die Rede schreiben, überkommt uns in dem Moment, in dem wie loslegen, eine Gehirnlähmung: Was soll ich sagen? Wie soll ich's sagen? Soll ich's überhaupt sagen? Wir quälen uns. Das große Nichts gähnt uns an. Wir schieben auf und schieben auf. Es fehlt die Idee für einen guten Aufbau. Es mangelt an Inspiration für den geistreichen Gedanken, an sprachlicher Virtuosität – und schließlich verläßt uns der Mut. Wir verenden im keuschen Zustand der Ungeschriebenheit. Das einzig Virtuose ist dann nur noch das Elend große Ausmaß unserer Verhinderung.

Dieses Buch ist kein klassisches Fachbuch. Es **will** Sie **ermutigen und inspirieren**. Wer jemals schwitzend vor Ideenlosigkeit vor seinem nackten Rede-Manuskript saß, soll dieses Buch zur Hand nehmen. Und wer sich einfach nur locker machen will, auch. Wie die anderen Rhetorik-Werke wird auch dieses Buch dem Leser nicht die Arbeit des Redenschreibens abnehmen. Aber es soll ihm den Einstieg in die Gedankenwelt der Rede erleichtern, sodaß der Text wie von selbst aus seiner Hand fließt.

2. Das Reden der Anderen

Über 40 Prozent der Menschen haben Angst, wenn sie öffentlich auftreten und reden sollen. Die Angst zu versagen, sich zu blamieren, zu stottern, einen Blackout zu haben oder gar ohnmächtig zu werden – ja, das alles kommt vor. Und auch Sie hassen das? Sie können es nicht ertragen, was andere über Sie reden, wenn Sie mal weniger gut sind? Und Sie ziehen es deswegen vor, nie (mehr) etwas zu sagen – und lieber in ständiger Angst vor der Möglichkeit, daß irgendwann doch ein Redeauftritt auf Sie wartet, weiterzuleben? Na gut. Viel Erfolg damit.

Wenn ich Ihnen nun sage, daß es kaum ein schöneres **Publikumserlebnis** gibt, als **eine Rede** zu schreiben, sie mit den eigenen Gedanken und Emotionen zu füllen und sie vor Menschen **vorzutragen**, die einem wirklich am Herzen liegen – dann stimmen Sie mir zu, nicht wahr? Nein? Sie lassen den Gedanken erst gar nicht an sich ran? Einverstanden. Sie haben lieber Angst.

Sollten Sie aber doch interessiert sein, Sie jedoch immer noch zu der Gruppe mit der Angst gehören, wird Ihnen sicher auch der tausendfach erzählte Trick, sich Ihr Publikum nackt oder mit einem Schnuller im Mund vorzustellen, nicht viel bringen. Das irritiert Sie im Zweifel nur noch mehr.

Ihnen sollte aber klar sein:

Wenn so

viele Menschen
Angst

vor dem

Redenhalten

haben,

sitzen

sicherlich

auch viele

in

Ihrem
Publikum.

Ein Großteil wird also verstehen, in welcher Lage Sie sich gerade befinden – und sehr wohlwollend mit Ihnen umgehen. Oder Sie vielleicht schon bewundern, bevor Sie auch nur ein einziges Wort gesagt haben. Und wenn Sie sich gut vorbereiten, sich klarmachen, wo Ihre Schwächen sind und an ihnen arbeiten, gibt es keinen Grund, sich einen Kopf zu machen – und dieses Vorbereiten fängt beim Redenschreiben an und hört beim richtigen Atmen und Sprechen auf.

Freuen Sie sich auf Ihre Rede! Eine Rede zu halten, ist ein Privileg. Und wenn Sie sich nicht darauf freuen, überarbeiten Sie Ihre Rede so lange, bis Sie sich darauf freuen.

3. Scheitere, scheitere erneut, scheitere besser!

Natürlich gibt es ein paar Menschen, die als Redner besonders begabt sind, dazu gebildet, charmant und auch noch gut aussehend. Wenn Sie das sind: Herzlichen Glückwunsch! Wenn nicht, sollte das überhaupt nicht Ihr Maßstab sein. **Der Maßstab sind Sie**. Sie sind es vor allem dann, wenn Sie sich für Ihr Thema und Ihr Publikum interessieren, an das glauben, was Sie sagen und mit guten Argumenten überzeugen. Und wenn Sie glauben, Sie könnten nicht sofort die beste Rede Ihres Lebens schreiben und halten, dann ist das zwar gut möglich, aber es sollte immer genau Ihr Ziel sein. Und zwar aus zwei

Gründen: Erstens gibt es einfach viel zu viele durchschnittliche und auch schlechte Reden. Wir haben alle solche schon gehört. Die Welt braucht endlich mehr gute Reden – auch von Ihnen. Zweitens: Sie haben das Zeug dazu, die beste Rede Ihres Lebens zu halten. Allerdings sollten Sie vorher auch schon mal ein paar geschrieben haben. Und auch mal gescheitert sein. Scheitern und Fehlschläge gehören zum Erfolg wie Kalorien zur Schokolade. Wer sich nicht auch mal verläuft, findet nie den richtigen Weg. Von jedem neuen Versuch können Sie etwas lernen. Oder wie Samuel Beckett radikal empfiehlt: »Scheitere, scheitere erneut, scheitere besser!«

4. Das Herz beredt –
der Geist voll Kraft

It is our choices that show what we truly are, far more than our abilities«, sagt Professor Albus Percival Wulfric Brian Dumbledore zu Harry Potter in »Die Kammer des Schreckens«. Auch für das Redenschreiben und Redenhalten ist es hilfreich, gewisse Fähigkeiten mitzubringen oder sie zu erlernen. Noch wichtiger ist es aber, überhaupt die Entscheidung zu treffen, eine Rede zu halten. Denn Wille und Mut, die hinter solchen Entscheidungen stecken, zeigen erst, wer Sie wirklich sind!

Sie entscheiden, daß Sie etwas zu sagen haben. Sie sind euphorisiert. Und deswegen wollen Sie eine Rede halten. In erster Linie geht es bei Ihrer Rede also nicht um Ihre Sprachvirtuosität oder den raffinierten Redenaufbau, sondern vielmehr um das Berühren, um das Beteiligt-Sein. »Das Herz ist es, was beredt macht und die Kraft des Geistes«, gab schon der alte Quintilian seinen Schülern mit – auf Latein: Pectus est enim, quod disertos facit, et vis mentis. Anders ausgedrückt: Versuchen Sie nicht, den Menschen zu gefallen. Versuchen Sie zu sagen, was Ihr Herz berührt – und Sie werden genug Leute treffen, denen das gefällt.

Das ist die hohe Kunst. Doch die Realität sieht oft anders aus. Wir alle erfreuen uns an wahren Emotion – oder an dem, was manche Wahrhaftigkeit nennen. Ja, ja, doch diese Wahrhaftigkeit gelingt bei ihren Auftritten nur ganz wenigen Menschen in nur ganz wenigen Momenten. Und weil das so ist, gibt es Techniken, auf die man zurückgreift, wenn das wahre Gefühl fehlt. Schauspieler kennen diese Tricks. Viele Politiker auch. Mit sehr guter Technik kann man den Eindruck eines echten Gefühls vermitteln. Oder besser gesagt vortäuschen.

Auch Sie können sich darin gerne in entsprechenden Rhetorik- oder Schauspielkursen weiterbilden. Nur freuen Sie sich nicht zu früh: Das aufmerksame Publikum wird immer spüren, wenn Wahrhaftigkeit fehlt. Oder wie Barack Obama einmal sagte: »Man kann einen Lippenstift auf ein Schwein malen, es ist immer noch ein Schwein.«

5. Tritt fest auf,
mach's Maul auf,
hör bald auf!

Ziel jeder Rede ist es …

… klar und verständlich zu sein.

… kurz und pointiert zu formulieren.

… durch Sprache, Argumente
   und Auftritt zu überzeugen.

Das gilt, seitdem Menschen sprechen und mit Sprache überzeugen wollen. Die römischen Rhetoren übertrugen diese Dreieinigkeit in die lateinischen Begriffe **brevitas** (Kürze), **claritas** (Klarheit) und **persuasio** (Überzeugungskraft). Aristoteles, der alte Grieche, unterschied drei Arten der Überzeugung: *ethos* (Glaubwürdigkeit des Redners), *pathos* (emotionaler Zustand), und *logos* (Argumente). Das müssen Sie sich nicht merken. Es macht sich gelegentlich aber ganz gut, wenn man mit ein wenig rhetorischer Teilbildung herumfächern kann.

Klarheit, Deutlichkeit, Offenheit – das galt auch für Martin Luther ein paar Jahrhunderte später. Da es der Reformator gerne deftig liebte, formulierte er sein Redenrezept so: »Tritt fest auf, mach's Maul auf, hör bald auf.« Eine Quelle für das Zitat ist bis heute nicht belegt. Zumindest habe ich keine gefunden. Ist auch nicht schlimm. Im Gegenteil. Der fehlende Beweis lehrt uns:

Wenn Sie mal

kein griffiges Zitat

finden sollten, aber eins brauchen,

dann **dichten** Sie selbst eins

und legen es einem

berühmten Toten in den Mund.

Jeder wird es dann

für ein beachtliches Zitat halten.

Tritt fest auf!

Die Aufforderung appelliert natürlich nicht nur an Ihr Selbstwertgefühl und will Ihnen Mut machen, möglichst selbstbewußt aufzutreten, sondern sie bedeutet auch: Wer gehört werden will, muß auch etwas zu sagen haben.

Mach's Maul auf!

Wenn Sie etwas sagen, muß es für alle hörbar, klar im Ausdruck und verständlich in der Gedankenfolge sein. Wer in dieser Weise spricht, ist eindeutig im Vorteil. Und wer darüber hinaus auch noch unterhaltsam ist, erst recht!

Hör bald auf!

Nicht alles, was Sie sagen wollen, ist auch interessant für Ihre Zuhörer. Diese Nuance ist nicht zu unterschätzen. Fassen Sie sich also kurz! Eine Rede sollte sieben Minuten lang sein. Zumindest ist das eine goldene Regel in den USA – aber auch nur dann, wenn sie mit einem Witz beginnt und einem Scherz endet. Grundsätzlich gilt: Das Publikum sollte wenigstens einmal geschmunzelt haben. Und die Zuhörer sollten einen Gedanken hören, der so gut ist, daß sie ihn weitererzählen.

Fünf Redeminuten sind kurz,
zehn Minuten eine gute Zeit
und ab **20 Minuten** wird es anstrengend.

Eine Dreiviertelstunde ist wirklich die Obergrenze – selbst für ein wohlwollendes Publikum. Also, lieber die Rede straffen als die Zuhörer bestrafen. Das Publikum ist dankbar für alles, was es nicht hören muß.

Und: Sprechen Sie nicht so kompliziert! Nur weil Sie sich ein sehr komplexes Thema ausgesucht haben, muß es noch lange nicht kompliziert ausgedrückt werden. Im Gegenteil: Gelingt es Ihnen, das Thema in wenigen und vielleicht sogar einfachen Worten darzustellen – was viel schwieriger ist –, wird man Sie dafür bewundern, wie Sie das Thema auf den Punkt gebracht haben.

Kurzum: Je kürzer Sie sich fassen, desto schwieriger wird es zwar für Sie. Aber desto leichter für den Zuhörer.

6. Warten auf Frau Muse – oder klau' so viel du kannst!

Ein afrikanisches Sprichwort lautet: »Das Gras wächst nicht schneller, wenn man dran zieht.« Ähnlich geht es mit der Rede. Sie gedeiht zwar in den meisten Fällen schneller als Gras, aber auf Knopfdruck wächst sie auch nicht. Sie entsteht in einem Prozeß – aus

Ideensuche,
Gedankengliederung,
Formulierung
und Präsentation.

Die Ideen

kommen **selten** von allein.

Die Geschichte von der **Muse**

und ihren Küssen

ist **nicht wahr**.

Man muß die Ideen finden.
Das kann Stunden dauern,
auch Tage.

Sie werden aber die passenden Ideen finden, indem Sie sich mit dem Thema der Rede immer wieder beschäftigen und Fragen stellen wie: »Was ist das Ziel der Rede?« oder »Was sind die Argumente für oder gegen das Thema?« oder »Was will ich eigentlich sagen?« Wenn Sie sich auf diesen Prozeß einlassen, wird Ihr Gehirn alle Informationen und Erlebnisse, die Ihnen in dieser Zeit begegnen, auf Verwertbarkeit für die Rede prüfen. Das kann richtig Spaß machen!

Sich hingegen erst kurz vor knapp mit den Inhalten der Rede zu beschäftigen, ist sehr riskant. Oft kommt dann nichts. Der beste Zeitpunkt, gute Ideen und Gedanken zu finden, ist immer der, den Sie augenblicklich erleben. Also genau jetzt!

Natürlich gibt es auch einige handfeste Tips, um auf neue Gedanken zu kommen. Zum Beispiel: Lassen Sie Ihren Blick über das Bücherregal schweifen – falls Sie (noch) eins haben. Überlegen Sie, wie Ihr Leben als Baßtölpel oder Trottellumme ausgesehen hätte. Gehen Sie auf den Markt und lassen Sie sich erklären, warum die Schwarzwurzel ein besonders gutes Beispiel für den alten Grundsatz ist, daß der erste Anschein trügt.

Sie werden sicherlich noch andere Ablenkungen finden. In jedem Fall gilt: Kreativ sein kann jeder. Wenn Sie kreativ sein wollen – tun Sie kreative Dinge. Kreativität hat nichts mit Kunst oder Intellekt zu tun. Sondern mit Ihrer Fantasie und Ihrem Interesse an den Dingen. **Seien Sie interessiert!**

Und wenn gar nichts geht: Stehlen Sie! (Diese Empfehlung habe ich von John Cleese gestohlen.) Bedienen Sie sich überall. Bemühen Sie sich nicht, Ihren Diebstahl zu vertuschen (auch eine Idee von Cleese). Ein guter Gedanke bleibt ein guter Gedanke, auch wenn es ihn schon gab. Es wird nämlich immer Leute geben, die ihn noch nicht gehört haben.

Falls Sie mir nicht glauben, sondern eher fürchten, dann in den Verdacht des Plagiats zu geraten – denken Sie an die Worte von Jean-Luc Godard: »Es ist egal, woher Sie die Dinge nehmen, wichtig ist, wohin Sie sie tragen.«

Und wenn Sie das alles nicht überzeugt, dann hat Monsieur Ego, der gefürchtetste Restaurantkritiker von Paris, den besten Rat für Sie. In der Schlußszene des Animationsfilms »Ratatouille«

ist der anfangs verbitterte Ego Teilhaber des Feinschmeckerrestaurants geworden, in dem Rémy, die sprechende Wanderratte vom Land, als Superkoch die Gäste erfreut. Als Rémy den inzwischen geläuterten Monsieur Ego fragt, was er denn heute Abend essen wolle, breitet Ego die Arme aus, strahlt und ruft begeistert: »Egal was Du machst – überrasche mich.« Überraschen Sie Ihre Zuhörer!

7. Wer nicht fragt, bleibt stumm

Niemand geht in eine Parfümerie und fragt nach frischem Dill. Wer etwas will, muß wissen, was ihn erwartet. Bevor Sie also loslegen, Ihre Rede zu schreiben, sollten Sie wissen:

Wer ist das Publikum?

Wer ist die Zielgruppe?

Wer ist der Veranstalter?

Wann und wo findet die Rede statt?

Wie sieht der Ort aus?

Welche Erwartungen des Publikums
muß ich erfüllen?

Welche Erwartungen hat der Veranstalter?

Welchen Ton soll ich also anschlagen?
Wie lange soll ich reden?

Je länger Ihre Rede ist, desto mehr brauchen Sie
eine sinnvolle und spannungsreiche

mit **Textstruktur
Einleitung,
Hauptteil
und Schluß,**

einen roten Faden, der Ihnen hilft, nicht beliebig
viel und lang daherzuschwätzen. Und der die
Zuhörer daran hindert, einzuschlafen.

Ein **Redner**

kann so gut sein,
wie er will –

eine Rede hat überhaupt

nur einen Sinn
und erzielt Wirkung,

weil es

ein Publikum

gibt.

8. Die Einleitung –
Sesam öffne Dich!

Machen wir uns nichts vor: Der Einstieg ist der Türöffner für die Rede. Wenn er Ihnen gelingt, ist der Weg zum erfolgreichen Auftritt frei. Wenn nicht, könnte es ungemütlich werden – vor allem für Sie, weil Sie merken, daß Ihre Rede beim Publikum nicht ankommt. Es sei denn, Sie sind ein beliebter Promi. Dann verzeiht man Ihnen so fast jeden Blödsinn. So ungerecht ist die Welt.

Denken Sie also gut nach, wie Sie einsteigen. Oder Sie nutzen eine der folgenden zehn Varianten:

1. Situationsbezogener Einstieg – zum Beispiel eine spontane Reaktion auf den Vorredner (mit Humor oder Sarkasmus) oder auf die Stimmung im Publikum (mit Humor, niemals mit Sarkasmus).

2. Persönlicher Einstieg – besonders beliebt bei der Verleihung des Oscars: »Daß gerade ich …« oder »Ich bin ja so überrascht …« oder »Ich kann mein Glück nicht in Worte fassen …«. Tip: Machen Sie es nicht ganz so kokett inszeniert wie die Hollywood-Sternchen.

3. Einstieg mit Anekdoten – immer nett (weil schöne Geschichten uns immer gefallen), muß aber zwingenderweise zum Thema der Rede passen.

4. Aktueller Einstieg (mit einer Neuheit aufwarten): »Auf dem Weg zu dieser Feier habe ich die Sensation erfahren, daß das Ei des Kolumbus …«

5. Historischer Einstieg – zeigt Ihre ganze Bildung: »Heute vor 400 Jahren zog Wallenstein mit seinen Kürassieren …« wirkt meistens unterhaltsamer in Form einer Anekdote: »Als zur Nachtzeit Friedrich der Große mal wieder austreten mußte …«

6. Einstieg mit Ortsbezug – »Hier, auf diesem Boden, schoß Paul Breitner seinen legendären Elfmeter im Finale der …«

7. Einstieg mit Erinnern an allseits Bekanntes. »Lange glaubten die Menschen, die Erde sei eine

Scheibe. Wenn wir heute meinen, es gebe kein Leben außerhalb unserer Erde, so sitzen wir wieder einem Irrglauben auf …«

8. Einstieg mit Understatement oder auch Wohlgefallen erzeugen – »Wenn ich so vor Ihnen stehe, kommt es mir vor, daß ich einem derart kompetenten Publikum nichts wirklich Neues zu erzählen haben. Und dennoch weiß ich, daß …« Wem das zu devot ist, macht's lieber gleich wie ein Rockstar: »Folks, I love you all!«

9. Einstieg mit einem Gag – eine Art Königsdisziplin. Wenn der Witz gelingt, haben Sie das Publikum im Nu erobert. Wenn nicht, sollten Sie ziemlich schnell zum Ende der Rede kommen.

10. Einstieg mit einer Provokation: »Herr Dr. Hubbelrath, mit Verlaub, Sie sind eine Pfeife!« (Sollte man Sie nicht sofort rausschmeißen, bedeutet dieser Einstieg für Sie, die gesamte Redezeit auf einem hohen emotionalen Level sprechen zu müssen, um die Spannung zu halten. Das verlangt Stehvermögen.)

Und bitte grundsätzlich: Vermeiden Sie den Einstieg vor dem Einstieg. »Meine Damen und Herren, bevor ich mit meiner Rede beginne, möchte ich Ihnen noch erklären, warum die Welt so schön ist …«

9. Der Hauptteil – hier finden Sie statt!

In der Einleitung haben Sie hoffentlich die Neugier Ihres Publikums geweckt. Im Hauptteil aber geht es jetzt um die wahre Aufmerksamkeit. Hier werden der Reihe nach die einzelnen Argumente Ihres Themas und die Kernbotschaften abgehandelt. **Hier sind Sie** ganz **Sie selbst**. Und ganz gleich, ob Sie eine Geburtstags-, Trauer-, Jubiläums-, Konferenz-, Parlaments oder was auch immer für eine Rede halten – Sie müssen die Inhalte ganz allein finden (Es sei denn, Sie haben einen Redenschreiber zu Hand). Im Prinzip läuft es so:

1. Sie formulieren Ihre (neuen) Thesen und führen Beispiele an, die belegen, daß diese Thesen richtig sind.

2. Sie sortieren Ihre Argumente nach Wichtigkeit – **die wichtigsten zuerst!** Und versuchen Sie bitte nicht, dem Publikum zehn wichtige Argumente zu präsentieren. Schon nach dem dritten läßt die Konzentration beim Zuhörer nach. Spätestens beim siebten Argument hat er die ersten schon wieder vergessen. Sortieren Sie also nach Relevanz aus. Und wählen Sie die drei besten Argumente aus.

3. Sie entkräften die Argumente, die gegen Ihre Thesen sprechen – also auch **die Argumente Ihrer Gegner.**

4. Sie kommen zu eigenen Schlußfolgerungen – diese sind genau die Botschaften, von denen Sie wollen, daß man sich an sie erinnert. Und nicht nur Minuten, sondern auch noch Wochen und Monate nach Ihrem Auftritt. Versuchen Sie **prägnant und einfach** zu formulieren. Yes you can!

10. Der Schluß –
und plötzlich ist's vorbei!

Eine Rede kann nicht schlecht sein, wenn sie kurz ist. Aber:

1. Ein Schluß darf niemals unvermittelt kommen. Er muß sich ansagen: »Bevor ich zum Schluß komme ...« oder »Zum Schluß möchte ich Ihnen sagen, daß ...«

2. Bei längeren Reden ab 30 Minuten, (die oft ohnehin schon eine Qual für den Zuhörer sind) lohnt sich eine knappe Zusammenfassung des Gesagten. Kein Zuhörer kann sich alles, was Ihnen im Hauptteil der Rede so

wichtig war, merken. Bitte aber wirklich nur eine sehr kurze Wiederholung – zwei, drei Sätze, mehr nicht.

3. Schlagen Sie einen Bogen zum Anfang der Rede. Beziehen Sie sich auf Ihren Eingangswitz oder die Anekdote. Ergänzen Sie die kleine Geschichte mit einem weiteren Scherz oder einer überraschenden Pointe.

4. Der Schluß kann emotional sein. Er appelliert an die Zuhörer, ruft sie zum Handeln auf, lobt oder tadelt sie.

5. Blicken Sie in die Zukunft (Merkwürdigerweise finden die meisten Menschen die Zukunft immer interessanter als das Jetzt).

6. Bringen Sie einen **Toast** heraus. Bei Geburtstagsfeiern ist das Pflicht. Bei Jubiläen auch. Bei Beerdigungen höchstens dann, wenn beim Leichenschmaus ohnehin Rock'n'Roll-Stimmung herrscht.

7. **Danke.** Viele finden es abgedroschen, am Ende den Zuhörern für ihre Aufmerksamkeit zu danken. Finde ich nicht. Eine Rede hat überhaupt nur einen Sinn, weil es ein Publikum gibt.

Alle wollen

Wirkung

mit ihrer Rede erzielen.

Aber warum bereiten sich

dann so viele

falsch

auf ihre Rede vor?

11. Fehler, die wir lieben

Beginnen Sie rechtzeitig mit dem Redenschreiben und schieben Sie nichts auf die lange Bank. Seien Sie anfangs nicht so streng mit sich. Perfektionismus verhindert reibungsloses Denken. Und: Seien Sie froh, daß Sie eine Deadline haben. Sie zwingt zur Kreativität.

Fangen Sie nicht mit schönen Formulierungen an. Das hält nur auf und bringt alles ins Stocken. Beginnen Sie mit der Gliederung. Schreiben Sie die bisher gesammelten Gedanken in Stichwörtern auf und setzen Sie diese wie in einem Puzzle in eine sinnvolle Reihenfolge. Nehmen Sie sich dafür Zeit. Diese Struktur ist das Gerüst Ihrer Rede.

Bedenken Sie, welches Vorwissen Ihre Zuhörer haben. Ein fachkundiges Publikum mit Basiswissen zu langweilen ist ebenso unklug wie eine nicht vorgebildete Zuhörerschaft mit detailliertem Expertenwissen zu überfordern. Überlegen Sie, was Ihre Zuhörer interessieren könnte, was sie hören wollen und was nicht. Es wird in jedem Fall Emotionen wecken.

Vergessen Sie nicht, wichtige Gedanken zu wiederholen. Das ist nicht langweilig. Im Gegenteil. Es hilft. Eric Kandel, der Hirnforscher und Nobelpreisträger (2000), beendete seine Vorträge manchmal mit folgender Bemerkung: »Wiederholen wir jetzt diesen Punkt ein drittes Mal. Bei der dritten Wiederholung werden sich in Ihrem Gehirn endgültig neue Synapsen gebildet haben. Und wenn Sie jetzt durch diese Tür hinausgehen, sind Sie physisch eine andere Person als beim Hereinkommen.«

»Leute, die wissen, wovon sie reden, brauchen PowerPoint nicht«, meinte einst Steve Jobs. Er hat natürlich Recht. Ohne PowerPoint wüßten viele überhaupt nicht, was sie sagen sollten. Allerdings: Jobs warf bei seinen zum Kult gewordenen Präsentationen ebenfalls unzählige Folien an die Wand. Und es ist auch bekannt, daß er diese Präsentationen unzählige Male vorher übte. Ob er insgeheim auch nicht wußte, wovon er redete?

Fallen Sie nicht auf Stegreifreden herein. So spontan sie klingen mögen, oft sind sie es nicht. Oder um Mark Twains Bonmot zu bemühen:

> **Eine erfolgreiche dreiminütige Stegreifrede benötigt drei Wochen Vorbereitung.**

Wer meint, er müße reden, weil es dazuge-hört, sollte sich die Mühe sparen. Das kann nur schiefgehen. Da sind dann ein paar passable Power-Point-Präsentationen schon noch besser.

Wer wiederum glaubt, nur die freie Rede sei die gute Rede, irrt. Frei zu sprechen rate ich nur denjenigen, die es wirklich können – und ein gutes Text-Gedächtnis haben. Es ist nicht peinlich oder falsch, wenn Sie Ihren Text ablesen. Viele Redner halten sich sogar mit Absicht strikt an ihr Manuskript, um die Zeit nicht zu überschreiten. Aber: Wenn Sie ablesen, schauen Sie ab und zu ins Publikum – allein schon um zu prüfen, ob noch alle Zuhörer da sind.

Nummerieren Sie die Seiten Ihres Redemanuskripts. Falls Ihnen der Text mal auf den Boden fällt, gibt das sonst nur ein heilloses Durcheinander. Bei Hauptversammlungen von Unternehmen nutzen viele Vorstandsvorsitzende inzwischen einen Teleprompter. Das ist keine Schande. Selbst Super-Speaker Obama verwendet für alle seine wichtigen Reden einen Teleprompter.

Egal ob freie Rede oder abgelesen: Zeigen Sie Haltung! Also ganz konkret: Schultern zurücknehmen – Sie werden merken, die Welt blickt ganz anders auf Sie. Und Sie auf die Welt.

Es ist nicht unerheblich, was Sie beim Vortrag tragen: Mit den richtigen Klamotten hat man es leichter, verkündete bereits vor 2000 Jahren Quintilian in seiner *Institutio oratoria*: Vestis virum reddit – das Kleid macht den Mann. Oder die Frau.

Und schließlich: Glauben Sie nicht, es reicht, wenn Sie Talent haben. Talent hilft. Aber noch nie ist jemand allein mit Talent erfolgreich gewesen. Zu einem kompletten Redner gehören die Arbeit am Text, an der Präsentation, Beharrlichkeit und die Leidenschaft für die Sache.

12. Zitate für alle

»Wer keinen Mut hat, wird immer eine Philosophie finden, die das rechtfertigt.« Albert **Camus**

»Besser neu als nie.« Groucho **Marx**

»Erfolg heißt, von Niederlage zu Niederlage zu marschieren, ohne seinen Enthusiasmus zu verlieren.« Winston **Churchill**

»Es ist besser, mit Originalität zu scheitern, als mit einer Imitation zu bestechen.« Herman **Melville**

»Wir sehen die Dinge nicht, wie sie sind. Wir sehen sie, wie wir sind.« Anais Nin

»Sagen, was ist. Tun, was man sagt. Und sein, was man tut.« Alfred Herrhausen

»Jeder Mensch ist ein Clown, aber nur die wenigsten haben den Mut, es zu zeigen.« Charlie Rivel

»Die meisten Menschen sind andere Menschen. Ihre Gedanken sind die Meinungen anderer, ihr Leben Nachahmungen, ihre Leidenschaften nur Zitate.« Oscar Wilde.

»Persönlichkeiten aber werden nicht durch schöne Reden geformt, sondern durch Arbeit und eigene Leistung.« Albert Einstein

»Nichts liegt mir ferner, als die Redenschreiber abschaffen zu wollen – es würde auch nie gelingen. Mehr noch: Die Qualität vieler Reden würde auf ein unvorstellbares Niveau sinken.« Marcel Reich-Ranicki

Hier ist Platz für Ihr Zitat:

Foto: Deborah Sorg

Martin Roos (* 1967), Studium der Allgemeinen Rhetorik, Literaturwissenschaft und Linguistik in Paris, Wien, Amsterdam und Tübingen; 2000 Promotion in Tübingen über Stefan George; IJP-Stipendiat und Stipendiat der Heinz-Kühn-Stiftung; 2009 1. Platz Andere-Zeiten-Journalistenpreis; 2000-2008 Redakteur für das Handelsblatt und dessen Magazin *junge karriere*; seit 2008 freier Journalist, Ghostwriter und Redenschreiber, Dozent für Rhetorik und Sprache an Akademien und Journalistenschulen, Rhetorik- und Schreibcoach für Politik und Wirtschaft.
www.martinroos-autor.de

Bei Grupello sind erschienen:
– »Stefan Georges Rhetorik
   der Selbstinszenierung« (2000)
– »Karriereknicke. Was Sie wissen sollten,
   um den Job loszuwerden« (2002).

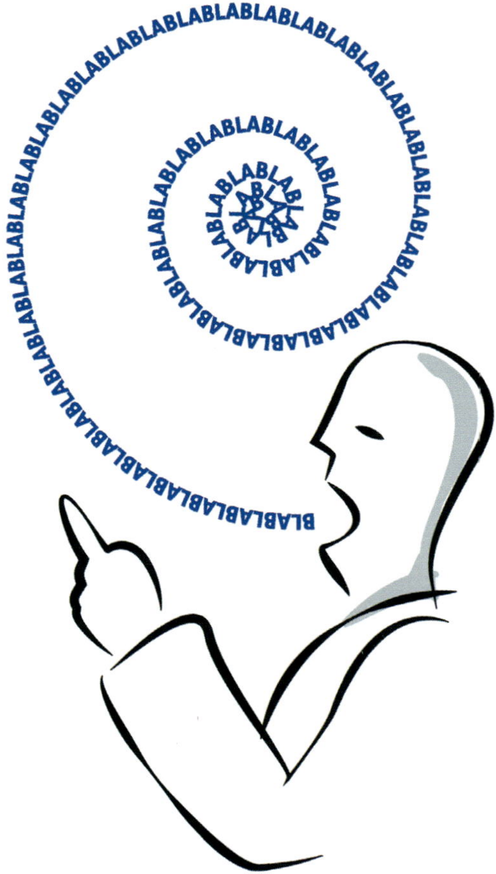